AF360103

ZÉPHIRE

ET

FLEURETTE,

PARODIE

DE ZÉLINDOR,

EN UN ACTE.

Par Messieurs * * *.

REPRESENTÉE POUR LA PREMIERE,
fois, par les COMÉDIENS ITALIENS Ordinaires
du Roi, le Samedi 23 Mars 1754.

Prix 24. *fols, avec les Airs notés.*

A PARIS,

Chez {
La Veuve DELORMEL, & Fils, rue du
Foin, à l'Image Sainte Geneviéve.
Et PRAULT Fils, Quai de Conti.

M. D. C. C. L I V.

AVEC PRIVILEGE DU ROY.

ACTEURS.

ZÉPHIRE,   Mlle. Aſtraudi.

FLEURETTE,   Mme. Favart.

PAPILLON,   Mlle. Catinon.

SONGES *ſous la forme des Plaiſirs.*

SUITE *de Zéphire.*

AVERTISSEMENT.

CETTE *Piéce d'abord en Proſe & en Couplets, fut préſentée aux Comediens Italiens en* 1715. *Ils ſe préparoient à la jouer, lorſque des circonſtances momentanées les empêcherent de donner des Parodies. Une copie de cet Ouvrage tomba entre les mains d'un Comedien de Province, qui le fit imprimer après y avoir ajouté quelques Couplets. Les Auteurs le révendiquerent, en retrancherent les augmentations, la Piéce fut refondue, & donnée dans la forme qui ſuit.*

ZÉPHIRE
ET
FLEURETTE.

Le Théâtre repréfente un Boccage agréable.

SCENE PREMIERE.
ZÉPHIRE ET PAPILLON.
ZÉPHIRE.

No. 1. Air : *Himen viens remplir mes vœux.*

C'EST dans ces Jardins charmans
  Que j'attens
 Le prix de ma tendreſſe ;
C'eſt dans ces Jardins charmans
  Que j'attens

A ij

Mon aimable Maîtreſſe.
C'eſt une Mortelle ;
Mais ſes beaux yeux
Charmeroient tous les Dieux.
Je vole près d'elle :
Ah ! loin des Cieux,
Si l'on peut-être heureux,
C'eſt dans ces Jardins charmans
Où j'attens
Le prix de ma tendreſſe,
C'eſt dans ces Jardins charmans
Où j'attens
Mon aimable Maîtreſſe.

PAPILLON.

Air : *Autant en emporte le vent* : Vaudeville
de Raton & Roſette.

Un Dieu qui d'une Déeſſe
Devoit toujours être épris,
Juſqu'à Fleurette s'abaiſſe ;
Mais je n'en ſuis point ſurpris ;
En amour, petit perfide ;
Votre cœur ne prend pour guide
Que l'amuſement d'un inſtant,
Autant en emporte **le vent.**   (*bis.*)

ZÉPHIRE.

Air : *Tout roule aujourd'hui dans le monde.*

Toutes les fois qu'on nous engage,
Peut-on, mon cher, toujours aimer ?

Que risque-t’on d’être volage ,
Quand on est fait pour tout charmer ?
Nous rougirions d’être fideles ;
Quoi ! toujours les mêmes soupirs ?
Zéphire ne porte des aîles ,
Que pour voler à ses plaisirs.

PAPILLON.

Air : *J’étoi seule en un boccage.*

Vous cachez quelque mystere ,
   Sous ce voile de gaité ,
Vous revez , pourquoi vous taire ?

ZÉPHIRE.

   Que mon cœur est agité !
Malgré-moi , ce cœur volage
   S’engage.

PAPILLON.

Il a grand tort.

ZÉPHIRE.

Tu riras de mon martyre.

PAPILLON.

   Zéphire ,
Je vous plains fort.

ZÉPHIRE.

N . 2. Air : *De s’engager il n’est que trop facile.*
Cher Papillon , tu me verras fidele.

PAPILLON.

Quoi ! vous aimez Fleurette pour jamais,

A iij

ZÉPHIRE.

Oui, pour jamais Je ne puis aimer qu'elle :
Juge par là du prix de ses attraits.

PAPILLON.

Air : *Le Cordon bleu.*

En doutant de votre constance,
Je suis certain de votre amour ;
A chaque instant votre présence
Embellit ce riant séjour :
Mille fleurs s'empressent d'éclore,
Dès que Zéphir pousse un soupir :
   Ah ! Quel plaisir
   Va me saisir !
   J'en vais cueillir,
   J'en vais choisir.
Le Papillon dans les champs de Flore,
Sent toujours un nouveau désir.

ZÉPHIRE.

Air : *Dans les bras de ce que j'aime.*

Ces beaux lieux par leur parure
Lui font naître un doux penchant,
Les ruisseaux par leur murmure,
Les Oiseaux par leur doux chant :
Par des fleurs sur la verdure,
Je peins mes feux chaque jour :
C'est ainsi que la nature
Doit tout son lustre à l'amour.

Nº. 3. Air : *Fille gentille.*

Pour la rendre moins inhumaine,
Toutes les nuits, les Ris, les Jeux
Forment une amoureuse chaîne,
Dont il nous uniſſent tous deux.
Fille
Gentille,
Un ſonge flatteur
Souvent vous réveille
La puce à l'oreille,
L'amour au cœur.

Nº. 4. Air : *C'en eſt trop, ſi c'eſt badinage.*

Oui, par ce galant ſtratagême,
Son petit cœur eſt excité.

ZÉPHIRE.

C'eſt mon projet, & je crois même
Qu'il fera ma félicité.

PAPILLON.

Trop long-tems l'erreur ſe prolonge,
J'en aurois déja profité ;
Vous l'amuſerez par un ſonge,
Un autre par la vérité.

ZÉPHIRE.

Air : *Comme un Coucou que l'Amour preſſe.*

Un déſir curieux me pique,
D'éprouver l'objet de mes feux ;
De ces fleurs la vertu magique
Va nous nous dérober à les yeux.

A iiij

8 ZÉPHIRE ET FLEURETTE.

PAPILLON.

Air : *La beauté sauvage.*

C'est jouer un Rôle
Qui n'est pas prudent ;
Cette épreuve est folle ,
Soyez plus ardent ;
Parlez d'abord   [*bis.*]
Avec audace ;
Vous avez tort ,
Et je crains fort ,
Dieu des Zéphirs ,
Que l'on ne se lasse
D'avoir des désirs.

Air : *Il faut que je file.*

Quelqu'un dira , non sans cause ,
En vous voyant différer ;
Ce galant nous en impose ,
Et que peut-on espérer
D'un amant qui n'ose , n'ose ,
Qui n'oseroit se montrer ?

ZÉPHIRE.

Air : *Je ne vous ai vû qu'un seul petit moment.*

Mon cher Papillon , taisons-nous , la voici ;
En bon ami laisse-nous seuls ici.

S C E N E   I I.

FLEURETTE *se croyant seule.* ZÉPHIRE *invisible aux yeux de* FLEURETTE.

F L E U R E T T E.

Air : *J'ai rêvé toute la nuit.*

J'Ai rêvé toute la nuit,
Qu'ici par l'amour conduit,
Zéphire avec moi caufoit :
  Ah ! Qu'il m'amufoit !
  Ah ! Qu'il m'en difoit !
Faut-il que fon entretien
N'ait duré qu'un petit rien !

Nº. 5. Air : *Dans un fonge flateur.*

I. Menuet.

Dans quelle douce erreur
Se plonge mon tendre cœur !
Dans un fonge enchanteur
Si je dois voir mon vainqueur,
    Dieu d'Amour,
Fais que je dorme ainfi chaque jour.
Qu'il étoit vif & léger !
Je le voyois voltiger ;
Mais c'étoit autour de moi :
Puis-je douter de fa foi ?
Dans fes yeux pleins d'ardeur,
Les miens lifoient mon bonheur :

Si ce fonge eft trompeur,
Il eft du moins bien flateur :
Dieu d'Amour,
Fais que je dorme ainfi chaque jour.

N°. 6. *II. Menuet.*

Interdit & confus,
Il craignoit mes refus :
Ses défirs
N'éclatoient que par des foupirs ;
Bientôt frappé
D'un regard échappé,
Qui pénétra fon ame,
Il s'enhardit ;
Je ne fçais tout ce qu'il me dit ;
Mais mon cœur fe troubla ;
Je fentois déjà
Que j'allois approuver fa flâme,
Quand le coq m'éveilla.

Air : *Volez, Zéphir, Volez.*

Volez, Zéphir, volez,
Servez mon impatience ;
Par votre longue abfence,
Vous la redoublez.
Ah ! Qu'il eft ce galant,
Lent !   (*bis.*)
Cher enchanteur,
Oui, ton ardeur
Flate mon cœur :
Vien.   (*bis.*)
Faire mon bonheur & le tien.

Air : *Il y a trente ans.*

Il n'eſt qu'une heure au Cadran du Village,
Mon cher Zéphir ne viendra pas ſi tôt.
Je meurs d'ennui ſeulette en ce boccage ;
Il y a bien loin d'ici juſqu'à tantôt.

Il n'eſt qu'une heure, &c.

N°. 7. *Ce ruiſſeau qui dans la plaine.*

Nul objet ne peut me plaire,
Où n'eſt point mon cher Amant :
Le ſommeil m'eſt néceſſaire
Pour adoucir mon tourment.
Dormons, dormons,
N'ayant rien de mieux à faire,
Repoſons
Sur ces gazons.

SCENE III.

FLEURETTE *endormie*, ZÉPHIRE.

ZÉPHIRE.

Air : *Dormez, Roulette.*

Dormez, Fleurette,
Repoſez tranquillement ;
Tantôt à la réveillette
Vous connoîtrez votre Amant.

Nº. 8. Air : *Ma Compagne la plus chérie.*

Autour de l'objet que j'aime ,
Voltigez , Songes charmans ,
Peignez-lui l'ardeur extrême
Du plus tendre des Amans ;
Par un hommage
Doux & flateur ,
Tracez-lui du vrai bonheur
Une image.

ENTRÉE DES SONGES.

Sous la forme des Plaisirs.

ZÉPHIRE.

Air : *Quand on sçait aimer & plaire.*

Doux sommeil, quelle est ta gloire !
Tu jouis de sa beauté ;
Dieu flateur , que ta victoire
Hâte ma félicité.

Sur les yeux de ma Maîtresse
Étends un voile enchanteur ,
Plonge-là dans ton ivresse ;
Mais laisse veiller son cœur.
Doux sommeil , &c.   *On danse à*
haque fois que ZÉPHIRE *reprend le Rondeau.*

Penchez-vous , jeunes feuillages,
Pour la défendre du jour ;
Oiseaux , cessez vos ramages
Pour laisser parler l'Amour.   (*bis*).
Doux sommeil , &c.

ZÉPHIRE.

Air : *Je suis un croustilleux Chasseur.*

Pour former cent chifres divers,
Dérobez les trésors de Flore,
Et faites lire dans les airs :
Zéphire vous adore.

} *bis.*

On danse.

*FLEURETTE paroît s'éveiller, les songes disparoissent.
On voit dans les airs, ces mots tracés en lettres
de fleurs.*

ZÉPHIRE VOUS ADORE.

*Un Berger & une Bergere, figurés par des Songes
forment une entrée, qui s'exécute en même tems
que Zéphire chante l'air qui suit.*

ZÉPHIRE.

N°. 9. Air noté.

Voyez les Jeux
D'un couple heureux :
D'un pas léger,
Ce beau Berger
Suit la jeune beauté,
Dont il est enchanté.
Ainsi mon cœur vole après vous.
Leurs yeux se répondent,
Leurs vœux se confondent :
Un sort si doux
Ne dépend que de vous.
Ils approchent leurs pas,
Leur penchant les entraîne ;
Ils se tendent les bras
Pour former une chaîne.

Prenons-les pour modele,
Méritons leurs plaisirs ;
Une chaine si belle
Doit combler nos désirs.

FLEURETTE *encore endormie, croyant parler aux*
Amans qu'elle vient de voir en songe.

Air : *Ah ! J'ai tout vû.*

Qu'ils font charmans
Ces fortunés Amans.
Jouissez des momens. . . .
Elle s'éveille.

Mais en ces lieux
Rien ne s'offre à mes yeux :
Que font-ils devenus ?
Ne les verrai-je plus ?

Air : *Pour voir un peu comment ça f'ra.*

Que ces objets flatoient mes fens !
A regret je vois la lumiere ;
J'implore tes charmes puissans,
Sommeil, referme ma paupiere :
Dormons encor fur ce ton là,
Pour voir un peu comment ça f'ra.
Elle fe rendort.

ZEPHIRE *aux genoux de Fleurette.*

Air : *A fa Voifine.*

Qu'elle partage mes foupirs !
Amour, je te reclame,
Je ne puis vaincre mes défirs ;
Qu'un baifer plein de flâme

Porte mes feux & mes plaifirs,
Jufqu'en fon ame.
FLEURETTE *fe réveille en furfaut & croyant embraffer*
ZEPHIRE, *elle ne le voit plus.*
Air : *Etant amoureufe.*

Ah mon cher .. douceur trompeufe !
Vaine image trop flateufe !
Je croyois voir mon Amant,
Etant amoureufe :
Baifer ma main doucement,
Et tant amoureufement.
Elle apperçoit les lettres de fleurs fufpendues dans les
airs par des Zéphirs.
Air : *Je ne fçai pas écrire.*

Ciel ! croirai-je ce que je voi ?
Zéphire a t'il tracé pour moi
Ce que je viens de lire ?
S'il eft épris de mes appas,
Pourquoi ne me le dit-il pas,
Plûtôt que de l'écrire ?

Air : *Sous un Ormeau.*

En fommeillant,
L'Amour m'offroit un fort brillant;
Aurai-je en veillant
Le bonheur dont j'ai joüi ?
ZEPHIRE.
Oui.
FLEURETTE.
Je n'entends qu'une voix,
Je ne vois
Rien ici.

ZEPHIRE.

Me voici.

FLEURETTE.

C'eſt aſſez,
Paroiſſez ;
A quoi bon ce jeu là ?

ZEPHIRE.

Me voilà.

FLEURETTE.

Ah ! Finiſſons,
N'entendrai-je rien que des ſons ?

ZEPHIRE.

Mais....

FLEURETTE.

Que de façons !
Mon cher Amant, parois donc.

ZEPHIRE.

Non,

FLEURETTE.

Air : Vaudeville de Fanfale.

Lorſque l'on file le plaiſir.
A ne vouloir jamais paroître,
Quel motif peut vous engager ?
Dites-moi donc quel eſt votre être ?
N'êtes-vous qu'un ſoufle léger?

ZEPHIRE.

Ce délai n'eſt pas inutile :
Il faut aller tout doucement,
Lorſque l'on file,
Lorſque l'on file un dénouement.

FLEURETTE.

F L E U R E T T E.

Air : *Gai , gai quel bon pere j'ai.*

Voyez l'amoureux que j'ai !
Qui ne veut point se montrer aux filles ?
Voyez quel amoureux j'ai ?
Ah ! Mon pauvre cœur où t'es-tu logé ?

Z E P H I R E.

Air : *De tous les Capucins.*

Pour bannir votre inquiétude,
Ma chere Enfant, que votre étude
Soit d'imaginer des plaisirs.

F L E U R E T T E.

Je n'aime point qu'on me badine ;
Goûte-t'on selon ses désirs
Tous les plaisirs qu'on imagine ?

Air : *Où êtes-vous, Birene mon ami ?*

Ne pouvez-vous autrement exister,
Qu'en fatigant vainement mon oreille ?
Si vous cherchez à m'impatienter,
Vous y sçavez réussir à merveille.

Z E P H I R E.

A : *On ne peut, quoi que l'on fasse.*

Souveraine de mon ame,
Je veux toujours porter vos fers ;

B

Mais il faut mériter la flâme
D'un Dieu qui régne dans les airs.

FLEURETTE.

Air : *La moitié du chemin.*

D'un lieu trop haut, mon aimable Zéphire,
Pour mon malheur vous êtes Souverain ;

*Tenez, vous me croirez, si vous voulez ; mais ce que je
vais vous dire est très-certain.*

Dans l'ardeur qui m'inspire,
Si vous étiez de ces lieux plus voisin,
Je ferois de bon cœur la moitié du chemin.

ZEPHIRE.

Air : *Un mouvement de curiosité.*

Si je parois, à l'instant ma présence
Comme une fleur détruira ta beauté.

FLEURETTE.

Que dites-vous ?

ZEPHIRE.

Juste Ciel ! elle balance!
Répondez moi.

F L E U R E T T E.

Mais Zéphire, en vérité,
Cela vaut bien la peine qu'on y pense ;
M'aimerez-vous si je perds ma beauté ?

Z E P H I R E.

Air : *Qu'est-ce que ça m' fait à moi ?*

A d'autres yeux désormais
Tu cesserois d'être belle.

F L E U R E T T E.

Perdre ainsi tous mes attraits ,
C'est une loi bien cruelle ;
Mais qu'est- ce que ça m' fait à moi,
Si votre cœur m'est fidele ?
Mais qu'est-ce ça m' fait à moi ,
Dès que j'aurai votre foi ?

Z E P H I R E.

Air : *Ah ! Me voilà , me voilà là.*

Non rien ne changera mon goût.

F L E U R E T T E.

Si vous êtes sincere ;
Paroissez, je consens à tout.

B ij

Z E P H I R E.

Il faut vous satisfaire ;
Je vais, ma petite Maman,
Terminer enfin le roman :
Vous m'en preſſez.

F L E U R E T T E.

Oui , paroiſſez.
Oui,

Z E P H I R E *jettant ſa fleur.*

Me voilà, me voilà.

F L E U R E T T E.

Ah !

Air : *Ah ! Qu'il eſt beau ! qu'il eſt charmant !*

Qu'il eſt gentil ! Qu'il eſt charmant !
Que je vais chérir cet Amant.

Air : *Un jour dans un vert boccage.*

Mais un doute me tourmente :
Cet aſpect qui m'eſt ſi cher ,
Cette figure charmante
N'eſt peut-être que de l'air ;
Si l'image eſt trompeuſe...
Sçachons enfin...
Donnez la main :
Ah ! Que je ſuis heureuſe !

Z E P H I R E.

Air : *Ah ! Qu'il eſt drôle ! ah ! Qu'il eſt beau !*

La beauté , cette tendre fleur
Ne vous paroît qu'un bien frivole ;
Vous y renoncez ſans douleur.

F L E U R E T T E.

Qu'avec plaiſir je vous l'immole !
Qu'elle s'envole ,
Je m'en conſole ,
J'ai votre cœur.

Z E P H I R E.

Air : *C'eſt un Enfant.*

Il faut que je te déſabuſe :
Tes attraits
Sont encor parfaits ;
Ce que j'ai dit n'eſt qu'une ruſe ;
Ton erreur
A fait mon bonheur.

F L E U R E T T E.

Quoi ?

Z E P H I R E.

Tout ce miſtere
M'étoit néceſſaire
Pour t'éprouver , ma chere Enfant.

F L E U R E T T E.

Ah ! le méchant !   (*bis.*)

D U O.

Air : *La Tempé, Contredanse de M. d'Auvergne.*

Viens, Dieu de nos cœurs,
Que ta chaîne au plaisir nous mene :
Viens, Dieu de nos cœurs,
Que ta chaîne
Soit de fleurs.

Z E P H I R E, *seul.*

Que votre gloire est parfaite !
Vous seule en devez jouir :
Il n'appartient qu'à Fleurette
De pouvoir fixer Zéphir.

E N S E M B L E.

Viens, Dieu de nos cœurs, &c.

Z E P H I R E.

A tous les instans
Renaîtront nos ardeurs fideles ;
Ainsi qu'au Printemps
Renaîssent les fleurs dans nos champs.

F L E U R E T T E.

Cher Zéphire, à d'autres Belles,
Ne portez point vos appas ;
N'employez jamais vos aîles,
Que pour voler sur mes pas.

ENSEMBLE.

Les deux Rondeaux.

A tous les inſtans , &c.

Viens, Dieu de nos cœurs, &c.

ZEPHIRE.

Air : *Des fleurettes.*

Ici que tout exprime
Les plus tendres déſirs,
Ici que tout s'anime
Au feu de mes ſoupirs :
Dans cette aimable retraite,
Plaiſirs, volez ſur nos pas ;
Rendez hommage aux appas
De ma Fleurette.

DIVERTISSEMENT.

VAUDEVILLE.

C'Est dans ce champêtre séjour,
    Que les feux font durables;
Les cœurs y font du Dieu d'Amour
    Les temples véritables :
La Ville aujourd'hui ne produit
    Que quelques amourettes,
Qu'un jour fait éclore & détruit,
    Comme les fleurettes.

L'Amour délicat est toujours
    Fidele à la nature;
Dans le maintien, dans les atours
    Trop d'art lui fait injure;
Des parterres les plus brillants
    Souvent il fait retraite,
Pour aller cueillir dans les champs
    La simple fleurette.

Par un jargon vif & galant,
    Nos Amans nous abusent;

D'amuſer ils ont le talent,
    Mais toujours ils amuſent :
Ce ſont d'agréables trompeurs
    Au métier d'amourette ,
Qui ſçavent, pour cueillir des fleurs,
    Semer la fleurette.

Du petit-Maître ſémillant
    Redoutez la tendreſſe ;
Plus il paroît vif & brillant ,
    Plus ſa flame eſt traîtreſſe :
Belles , ne vous y fiez pas ,
    Ce Papillon vous guette ,
Pour flétrir vos jeunes appas ,
    Comme une fleurette.

Dans l'Amaranthe & dans le Lys
    Je vois trop d'étalage :
Des œuillets-d'inde & des ſoucis
    Je ne puis faire uſage :
La tubéreuſe a trop d'odeur ;
    La penſée eſt diſcrete ,
Et rien ne flate plus mon cœur
    Que cette fleurette.

Vous vous perdez, maris coquets,
    Par vos ardeurs folettes :
Ne vous déferez vous jamais
    De l'erreur où vous êtes ?
Vous laiffez dans votre jardin
    Périr des fleurs parfaites,
Pour cueillir chez votre voifin
    De minces fleurettes.

Si vous nous avez accordé ,
    Meffieurs, votre fuffrage ,
Notre orgueil feroit il fondé
    D'en tirer avantage ?
Non, non, ce feroit nous flater
    D'une gloire indifcrete ,
Ce qu'on vient de vous préfenter
    N'eft qu'une fleurette.

Souvent à des morceaux pompeux
    La fortune eft cruelle ;
Mais quelquefois on eft heureux
    Dans une bagatelle :

Le vent qui brife les Cyprès,
Et par terre les jette,
Ménage les foibles attraits
De l'humble fleurette.

F I N.

APPROBATION.

J'Ai lû par Ordre de Monfeigneur le Chancelier, *Zéphire & Fleurette, Parodie de Zélindor*, & je crois que l'on peut en permettre l'impreffion, ce 12 Avril 1754.

CREBILLON.

www.ingramcontent.com/pod-product-compliance
Lightning Source LLC
LaVergne TN
LVHW012152170726
843503LV00009B/4118